Denis Hellwich

Management der Kommunikation und des Betriebs im Rahm
BS 7799-1:2000

Handhabung der Maßnahmen in der Implementierung der Informationssicherheit

GRIN - Verlag für akademische Texte

Der GRIN Verlag mit Sitz in München hat sich seit der Gründung im Jahr 1998 auf die Veröffentlichung akademischer Texte spezialisiert.

Die Verlagswebseite www.grin.com ist für Studenten, Hochschullehrer und andere Akademiker die ideale Plattform, ihre Fachtexte, Studienarbeiten, Abschlussarbeiten oder Dissertationen einem breiten Publikum zu präsentieren.

Dokument Nr. V126505 aus dem GRIN Verlagsprogramm

Denis Hellwich

Management der Kommunikation und des Betriebs im Rahmen des Sicherheitsstandards BS 7799-1:2000

Handhabung der Maßnahmen in der Implementierung der Informationssicherheit

GRIN Verlag

Bibliografische Information der Deutschen Nationalbibliothek: Die Deutsche Bibliothek verzeichnet diese Publikation in der Deutschen Nationalbibliografie; detaillierte bibliografische Daten sind im Internet über http://dnb.d-nb.de/ abrufbar.

1. Auflage 2005
Copyright © 2005 GRIN Verlag
http://www.grin.com/
Druck und Bindung: Books on Demand GmbH, Norderstedt Germany
ISBN 978-3-640-32604-4

Fachhochschule Ludwigshafen am Rhein

Hochschule für Wirtschaft

Fachbereich III – Internationale Dienstleistungen

Seminararbeit

Management der Kommunikation und des Betriebs im

Rahmen des Sicherheitsstandards BS 7799-1:2000

vorgelegt von:

Hellwich, Denis aus Leninsk

WS 2005/2006

Inhaltsverzeichnis

1 Einleitung

Heutzutage gibt es kaum noch Unternehmen, die ganz auf die unterstützenden Funktionen von Informationstechnologie verzichten. Vielmehr bauen die meisten Organisationen auf der verwalteten Steuerung der ihnen zur Verfügung stehenden Informationen auf und sind weitestgehend von ihr abhängig. Somit ergibt sich zwangsläufig die Notwendigkeit diese Existenzgrundlagen zu erhalten und zu schützen. Eine Verletzung durch Missbrauch, Manipulation, Zerstörung oder Verlust der Unternehmensinformationen und -datenbasis kann schnell zu materiellen sowie immateriellen Schäden führen, die nur schwer wieder zu beheben sind.

Unter diesen Gegebenheiten stellt die Aufgabe der Informationssicherheit eine strategische Pflichterfüllung für die Unternehmensführung dar. Die Informationssicherheit ist also eine Managementaufgabe, die geplant, durchgeführt und überprüft werden muss.[1]

Um das Handling der Informationssicherheit zu vereinfachen, ist es möglich auf bereits formulierte Sicherheitsstandards oder -normen zurückzugreifen.[2] Methodisches Vorgehen nach einer erprobten Systematik senkt die Kosten durch die Nutzung vorhandener und praxisorientierter Vorgehensmodelle, gewährleistet Aktualität durch die Orientierung am Stand der Technik und der Wissenschaft und erzeugt u. a. auch neuartige Wettbewerbvorteile, die sich z.B. aus einer Reputationssteigerung nach einer erfolgreichen Zertifizierung ergeben können.[3]

Im äußerst begrenzten Rahmen dieser Arbeit werden die Elemente des Managements der Kommunikation und des Betriebs mit dem höchsten Bedeutungsgrad anhand der Standards BS 7799-1:2000 des British Standard Institute erläutert und die damit verbundenen Aspekte der Handhabung bestimmter Maßnahmen in der Implementierung der Informationssicherheit aus der Fachliteratur beschrieben.

---

[1] Vgl. Cole/Matzer: Managementaufgabe Sicherheit. 1999, S. 13-16

[2] Vgl. Stubbings: Die 7 größten Irrtümer der Informationssicherheit. 2002, S. 86

[3] Vgl. Jüptner et al.: IT-Sicherheit für den Mittelstand. 2002, S. 22

2   British Standard 7799-1:2000

Mitte der 90er Jahre wurde der British Standard 7799 von dem British Standard Institute etabliert, der Vorgehensweisen für die Definition von Sicherheitspolitiken beinhaltete. Nach einer weiteren Revision und durch breite internationale Aufmerksamkeit wurde der erste Teil des BS 7799 im Jahr 2000 zu einem weltweit gültigem ISO-Standard (ISO 17799:2000 – Code of Practice for Information Security Management) übernommen und enthält den genauen Wortlaut der britischen Norm BS 7799-1:2000.[4] 2002 folgte auch der zweite Teil des Standards mit dem Titel „Spezifikation für Managementsysteme für Informationssicherheit", der mit anderen Managementsystemstandards harmonisiert und im Jahr 2005 als ISO 27001 international genormt wurde.[5]

Die Norm bietet eine weit gefasste Sammlung von Maßnahmen und Empfehlungen, die nach dem „Best-Practice-Ansatz" der Informationssicherheit genügen sollen. Es werden dazu folgende Elemente betrachtet:[6]

➢ **Sicherheitspolitik und Organisation der Sicherheit**

➢ **Einstufung**

➢ **Kontrolle und Werte**

➢ **Personelle Sicherheit**

➢ **Physische und umgebungsbezogene Sicherheit**

➢ **Management der Kommunikation und des Betriebs**

➢ **Zugangskontrollen**

➢ **Systementwicklung und Wartung**

➢ **Management des kontinuierlichen Geschäftsbetriebes**

➢ **Einhaltung von Verpflichtungen**

---

[4] Vgl. Jüptner et al.: IT-Sicherheit für den Mittelstand. 2002, S. 22

[5] Vgl. Tenhagen: Zertifizierung von Informationssicherheit. 2005, S. 3f. in http://www.qm-trends.de/pdf/19860101.pdf, Abruf am 01.12.2005; Vgl. BS7799. In http://de.wikipedia.org/wiki/BS7799, Abruf am 01.12.2005

[6] Vgl. Romagna: IT-Grundschutz modellieren. 2002, S. 13; Vgl. Stubbings: Die 7 größten Irrtümer der Informationssicherheit. 2002, S. 87

Die Umsetzung all dieser Maßnahmen sieht die Durchsetzung und Sicherung von bestimmten Merkmalen der Informationssicherheit vor, die zu jedem Zeitpunkt gewährleistet sein müssen:

Vertraulichkeit: Hierbei muss sichergestellt werden, dass nur berechtigte Personen Zugriff auf vertrauliche Informationen, wie statistische Daten, persönliche Inhalte oder Kommunikationsarchive haben.[7]

Verfügbarkeit: Die Verfügbarkeit kann an den Systemantwortzeiten zu einer Anforderung oder an der Verarbeitungsgeschwindigkeit der Daten gemessen werden und muss immer ein angemessenes Niveau aufweisen.[8]

Integrität: Diese Position identifiziert die Sicherstellung der Vollständigkeit, Unverfälschtheit, und der Korrektheit von Daten. Es muss also garantiert werden, dass man der Information trauen darf, weil alle Manipulationen an ihr autorisiert waren und nachvollziehbar belegt werden können.[9]

Verbindlichkeit: Die Gewissheit, dass die gesendeten Daten auch zuverlässig von dem tatsächlichen Empfänger empfangen wurden und der Absender eindeutig identifiziert werden kann, bildet die Grundlage für die juristische Akzeptanz von Rechtsgeschäften, die mittels IT-Systemen entstanden sind (E-Commerce, Datenübertragung per EDI usw.).[10]

Während ISO 17799 bzw. die entsprechende Nationale Norm BS 7799-1 den verantwortlichen Personen Empfehlungen in Form eines Leitfadens zur Implementierung eines Informationssicherheitsmanagements anbietet und das Fundament für die Entwicklung organisationsweiter Sicherheitsstandards bildet, beschreibt BS 7799-2 die Anforderungen an die Realisierung und Dokumentation und gibt damit auch die Möglichkeit die Implementierung zu überprüfen. Dazu werden konkrete Maßnahmen, so genannte Controls, vorgegeben.

---

[7] Vgl. Romagna: IT-Grundschutz modellieren. 2002, S. 14 ;Vgl. Cole/Matzer: Managementaufgabe Sicherheit. 1999, S. 19

[8] Vgl. Eckert: IT-Sicherheit. 2003, S. 73f.

[9] Vgl. Jüptner et al.: IT-Sicherheit für den Mittelstand. 2002, S. 18; Vgl. Romagna: IT-Grundschutz modellieren. 2002, S. 14f

[10] Vgl. Eckert: IT-Sicherheit. 2003, S. 73; Vgl. Romagna: IT-Grundschutz modellieren. 2002, S. 15

Nachfolgend wird nur auf die wichtigsten Komponenten des Managements der Kommunikation und der Betriebsaufrechterhaltung aus der ISO 17799:2000 bzw. aus dem BS 7799-1:2000 näher eingegangen. Im Wesentlichen werden dabei Empfehlungen für Maßnahmen zur Absicherung der permanenten Funktionstätigkeit von IT-Systemen und zum Schutz der Kommunikationsinfrastruktur und -inhalte angeboten.

3 Verfahren und Verantwortlichkeiten

Bei diesem Punkt wird auf die permanente Sicherstellung des sicheren Betriebs von Geräten in der Informationsverarbeitung abgezielt.

Die Gewährleistung der Zielerfüllung soll hierbei durch die Einführung von dokumentierten Verantwortlichkeiten und Verfahrensanleitungen für den Betrieb aller Geräte zur Verarbeitung von Informationen eines Unternehmens bzw. einer Organisation erreicht werden. Insbesondere sollen entsprechende Betriebsanweisungen und Meldevorschriften für mögliche Vorfälle formuliert werden.[11]

3.1 Dokumentation der Verfahren

Von der Sicherheitspolitik tangierte Betriebsverfahren sollten explizit formuliert, dokumentiert und den entsprechenden Beteiligten zur Verfügung gestellt werden. Solche Betriebsverfahren sind formale Dokumente, die nur nach einer eindeutigen Genehmigung durch das Management geändert werden können. Sie enthalten detaillierte Anweisungen für die Ausführung der beschrieben Tätigkeiten.[12]

Es kann u. a. festgelegt werden wie die Verarbeitung und die Weiterleitung von Informationen zu handhaben ist; welche Systeme in gegenseitiger Abhängigkeit betrieben werden und somit eine Anforderungsplanung erfordern; wie bei potentiellen Fehlermeldungen oder sonstigen Ausnahmemeldungen zu verfahren ist oder welche Dienste bzw. Systemdienstprogramme vom Benutzergebrauch ausgeschlossen sind.

Von besonderer Bedeutung ist hierbei die Kontrolle von Veränderungen bei Geräten und Systemen. Durchgeführte Änderungen an kritischen Komponenten sollten in einem Auditprotokoll festgelegt und aufbewahrt werden. In diesem Protokoll können zusätzliche Informationen über die Beurteilung von potentiellen Auswirkungen der Veränderungen auf die Funktionalität abgelegt oder Verfahren zur Ermittlung der Verantwortlichen für die Widerherstellung nach einem misslungenen Veränderungsversuch beschrieben werden.[13]

---

[11] Vgl. BSI Technical Information Group: BS ISO/IEC 17799:2000 – BS 7799-1:2000 2001, S. 25

[12] Vgl. BSI Technical Information Group: BS ISO/IEC 17799:2000 – BS 7799-1:2000 2001, S. 26

[13] Vgl. BSI Technical Information Group: BS ISO/IEC 17799:2000 – BS 7799-1:2000 2001, S. 26f.

Unwissenheit und Fahrlässigkeit sind beim Faktor Mensch die häufigste Ursache für Sicherheitslücken und daraus entstehende Schäden. Die Versorgung aller Mitglieder der Organisation mit Informationen, Weisungen, Schulungen oder Einweisungsmaßnahmen fördert das Verständnis für das Sicherheitsbewusstsein und stellt somit einen wichtigen Kernpunkt der Sicherheitspolitik dar.[14]

Zusätzlich kann der Mitarbeiter aufgefordert werden die Regelungen und deren Kenntnisnahmen schriftlich zu bestätigen. So wird jedes einzelnes Mitglied an seine Sorgfaltspflicht erinnert und zur Einhaltung gebunden.[15]

3.2 Festlegen der Verantwortlichkeiten

Weiterhin empfiehlt es sich die Verantwortlichen zu definieren, die gleichzeitig als Anlaufstelle zur technischen Unterstützung oder Fehlerbehebung fungieren.

Als Praxisbeispiel kann man die Nominierung eines „Problem-Owners" bei der Krankenkasse „Swissana" aufführen. Im Rahmen eines Audits wurde dabei vom Management festgestellt, dass die Sicherheitsmaßnahmen zum Schutz der persönlichen Kundendaten unzureichend waren. Zur Behebung des Missstands wurde ein Sicherheitsbeauftragter bestimmt, der sich der Thematik annahm, ein Projektteam zusammenstellte und sich bis zur Lösungsimplementierung persönlich darum kümmerte.[16]

Derartige Maßnahmen zur klaren Definition des Verantwortungsbereichs minimieren Kompetenzstreitigkeiten, Zuständigkeitskonflikte oder Verantwortungsflucht.

---

[14] Vgl. Romagna: IT-Grundschutz modellieren. 2002, S. 40

[15] Vgl. Stiefenhofer et al.: Praxisleitfaden Netzwerksicherheit. 2002, S. 66

[16] Vgl. Romagna: IT-Grundschutz modellieren. 2002, S. 53f

3.3 Pflichtentrennung

Die Pflichtentrennung ist ein Konzept zur Vermeidung von Missbrauch und Fehlern. Dabei wird eine umfassende Aufgabe in mehrere Teilaufgaben gesplittet, die von verschiedenen Personen durchgeführt werden. Hierbei werden die von einer Person durchgeführten Aktivitäten von einer anderen kontrolliert. Man spricht in diesem Zusammenhang auch vom Vier-Augen-Prinzip.[17]

Durch die Anwendung der Pflichtentrennung kann das Risiko eines versehentlichen oder absichtlichen Systemmissbrauchs reduziert werden, indem die Gelegenheiten zur unberechtigten Manipulation oder Entwendung von Daten minimiert werden. Somit ist es wichtig die Tätigkeiten nach Möglichkeit zu trennen, bei denen ein Betrug oder Missbrauch durch Absprachen möglich wird, z.B. bei Durchführungen von Warenbestellungen und Warenempfang. Es können mehrere Personen involviert werden, um das Risiko für konspirative Absprachen oder Komplotte zu senken.[18]

Verteilt man beispielsweise die Aufgabe des Patchings (Schließung von Sicherheitslücken und beseitigen von Fehlern mittels Softwareupdates) von Betriebssystemen oder Anwendungsprogrammen auf mehrere Personen, kann die Gefahr des Missbrauchs geschmälert werden. Die Möglichkeit, dass der Zuständige bewusst ihm bekannte Sicherheitslücken offen lässt und sie hinterher selbst ausnutzt, um an Informationen zu kommen, die für ihn versperrt sind, wird fast ausgeschlossen. Denn hier überwacht ebenfalls sein Kollege noch ausstehende bzw. unerledigte Aufgaben und kontrolliert die vollständige Lückenbeseitigung.

---

[17] Vgl. Krooß: Möglichkeiten und Auswirkungen der Integration der Nutzer in die Erstellung und Durchsetzung einer IT-Sicherheitspolitik. 2005, S. 40 in http://agn-www.informatik.uni-hamburg.de/papers/doc/Diplomarbeit_M_Krooss.pdf, Abruf am 01.12.2005

[18] Vgl. BSI Technical Information Group: BS ISO/IEC 17799:2000 – BS 7799-1:2000 2001, S. 28

3.4 Umgebungstrennung

Sofern man unternehmensintern zwischen Entwicklungs- und Betriebsanlagen trennen kann, ist es notwendig diese zwei Umgebungen von einander zu trennen, um z.B. Änderungen zu Testzwecken in der Entwicklungsebene nicht in die produktive Betriebsumgebung zu übertragen und so einen Systemausfall zu verhindern. Auch hier sollten Regeln für den Übergang von Software aus dem Entwicklungs- in den Betriebsstatus festgelegt und dokumentiert werden.[19]

Auch die Abtrennung des Internetzugangs von der Entwicklungsumgebung ist sinnvoll. Dies zeigt das Diebstahl-Beispiel beim Software-Hersteller Valve, bei dem Quellcode des Spiels „Halflife 2" im Entwicklungsstadium von einem internen Server entwendet wurden, weil die Entwicklungsumgebung offensichtlich nicht klar von anderen Gebieten in der Netzwerkinfrastruktur abgetrennt war.[20]

3.5 Sicherheit der Systemdokumentation

Die Dokumentation system- und organisationsrelevanter Informationen (wie Beschreibungen von Anwendungsprozessen, Verfahren, Datenstrukturen oder Berechtigungsprozessen) kann sensitive und somit schutzbedürftige Inhalte beinhalten, die vor unbefugtem Zugang abgesichert werden müssen. Die Lagerung bzw. die Archivierung muss vor unkontrolliertem Zugriff geschützt werden – die Zugangsliste dazu sollte auf die Anwendung zuständigen Personen reduziert werden, um Risiken so weit wie möglich zu verkleinern.[21]

---

[19] Vgl. BSI Technical Information Group: BS ISO/IEC 17799:2000 – BS 7799-1:2000 2001, S. 28f.

[20] Vgl. Kuri: Verhaftungen wegen Diebstahls des Codes von Half-Life 2. In http://www.heise.de/newsticker/meldung/48155, Abruf am 01.12.2005

[21] Vgl. BSI Technical Information Group: BS ISO/IEC 17799:2000 – BS 7799-1:2000 2001, S. 36

4 Schutz vor bösartiger Software

4.1 Motivation und Zielsetzung

Schadenstiftende Software, oft auch als „Malware" (Malicious Software) bezeichnet, sind Software-Programme mit verdeckten Funktionen, die häufig über Kommunikationsnetze (z.B. per Email) verbreitet und eingeschleust werden. Diese zielen auf unberechtigte Informationsgewinne ab oder bezwecken die Veränderung, Löschung oder Manipulation von Software-Funktionen sowie allgemein gespeicherten Informationen. Man unterscheidet hierbei in der Regel zwischen drei verschiedenen Ausprägungsformen:[22]

Viren sind sich selbst reproduzierende, unselbständige Programmroutinen, die vom Benutzer nicht sichtbare oder nicht kontrollierbare Datenmanipulationen vornehmen können. Sie können beim Starten von bestimmten Programmdateien aktiv werden (Filevirus), werden beim Booten eines Rechners gestartet (Bootvirus) oder können nach Aufruf von präparierten Dateien bzw. Dokumenten aktiviert werden in denen sie hinterlegt wurden (Makrovirus). Typischerweise haben diese eine Codesequenz, anhand derer man sie identifizieren kann.[23]

Trojanische Pferde sind Programme, die mit versteckten und häufig nicht wahrnehmbaren Zusatzfunktionen ausgestattet sind. Sie werden meistens verwendet um Benutzereingaben zu überwachen und Informationen auszuspähen. Auch die Einschleusung vom fremden Code oder sogar eine Fernüberwachung oder -steuerung des Opferrechners sind dadurch möglich.[24]

Würmer sind Sabotageprogramme, die sich vollkommen selbstständig in einem Kommunikationsnetzwerk ausbreiten können. Sie reproduzieren sich selbst und verteilen die erstellten Kopien mit Hilfe von Netzwerkfunktionen. Diese Kopien können Viren mit der eigentlichen Schadfunktion beherbergen und diese somit weiter verbreiten.[25]

---

[22] Vgl. Hoppe/Prieß: Sicherheit von Informationssystemen. 2003, S. 41f.

[23] Vgl. Kruth: IT-Grundlagenwissen. 2001, S. 197

[24] Vgl. Kruth: IT-Grundlagenwissen. 2001, S. 203

[25] Vgl. Hoppe/Prieß: Sicherheit von Informationssystemen. 2003, S. 42

Die Tragweite bzw. die Bedeutung des Schutzes vor Viren kann anhand einer Untersuchung aus dem Jahr 2005 (Computer Crime and Security Survey 2005) vom Computer Security Institute (CSI) in Zusammenarbeit mit dem Federal Bureau of Investigation (FBI) verdeutlicht werden. Die Umfrage bei 639 Teilnehmern ergab, dass die meisten respektive die am höchsten veranschlagten Verluste im Zusammenhang mit der Verletzung der Informationssicherheit durch Viren verursacht wurden.

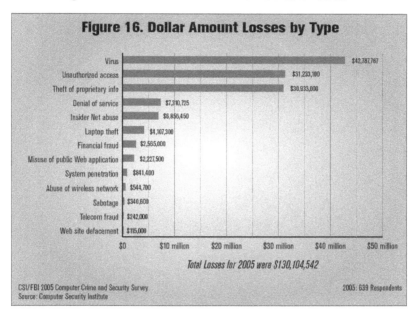

Abbildung 1 – Ursachen für monetäre Verluste durch Sicherheitsverletzungen[26]

Um den Schutz der Informationen vor schadhafter Software zu gewährleisten, müssen adäquate Sicherheitsmaßnahmen getroffen werden. In erster Linie muss die Einführung von gefährlichen Inhalten verhindert werden.

Das Ziel ist es die Integrität von digitalen Daten und Informationen und der Software zu schützen und zu sichern.

---

[26] Gordon et al.: CSI/FBI Computer Crime and Security Survey 2005. 2005, S. 15 in
   http://www.gocsi.com/forms/fbi/csi_fbi_survey.jhtml;jsessionid=PMXVHSRE1KAN4QSNDBOCKH
   0CJUMEKJVN, Abruf am 03.12.2005

4.2 Schutzmaßnahmen

BS 7799-1 sieht die Benachrichtigung und die Aufklärung der Benutzer über mögliche Fälle von Eindringen unberechtigter oder schadenverursachender Software vor. Weiterhin wird empfohlen, dass das Management spezielle Maßnahmen zur Erkennung und Verhinderung der Einschleppung oder der Einschleusung solcher Software trifft.[27]

Es wird ebenfalls vorgeschlagen konkrete Verfahren zur Sensibilisierung des Benutzerbewusstseins zu implementieren. Die Basis zum Schutz vor bösartigen Programmen sollte auf einem ausgeprägten Sicherheitsbewusstsein, beschränkten und kontrollierten Systemzugriffen und angemessenem Veränderungsmanagement aufbauen. Zu den wichtigsten Empfehlungen gehören:[28]

Eine explizit formulierte Sicherheitspolitik, die die Einhaltung der Softwarelizenzen fordert, überwacht und den Einsatz von unberechtigter Software untersagt.

Eine eindeutig formulierte Sicherheitspolitik, die zur Abwehr von Risiken im Rahmen des Daten- und Dateienaustausches mit fremden Netzen oder mobilen Datenträgern Schutzmaßnahmen beschreibt.

Installation wirksamer Erkennungs- und Reinigungsprogramme, die regelmäßig und nach Möglichkeit automatisiert aktualisiert werden und zum routinemäßigen Durchsuchen nach Virenbefall eingesetzt werden.

Eine planmäßige Überprüfung und Kontrolle der Software und der Datenbestände von Systemen, die bei kritischen Geschäftsprozessen beteiligt sind.

Eine Kontrolle von Dateien mit unbekannter oder unsicherer Herkunft auf Virenbefall, die nicht auf vertrauenswürdigen Wegen eingegangen sind.

Eine Prüfung der mittransportierten Email-Anhänge und aller Downloads auf Kontaminierung mit bösartiger Software vor dem Gebrauch.

Eindeutige Definition und Formulierung von Verfahren und Verantwortlichkeiten im Rahmen des Virenschutzes, Schulungen zum Gebrauch der notwendigen Tools, Meldung der Virusangriffe und anschließende Wiederherstellungsmaßnahmen.

---

[27] Vgl. BSI Technical Information Group: BS ISO/IEC 17799:2000 – BS 7799-1:2000 2001, S. 31
[28] Vgl. BSI Technical Information Group: BS ISO/IEC 17799:2000 – BS 7799-1:2000 2001, S. 31f.

Speziell ausgelegte Pläne zur Aufrechterhaltung des normalen Geschäftsbetriebes nach Virusattacken.

Anlegen dokumentierter Verfahren zur Prüfung und Verifikation aller empfangenen Informationen in Bezug auf Virus- und Warnmeldungen auf Richtigkeit, Vollständigkeit und Exaktheit sowie Vertrauenswürdigkeit der Quelle.

Ergänzend zu diesen Empfehlungen ist auch sinnvoll alle möglichen Wege, die zur Malwareeinschleusung genutzt werden können zu überprüfen und ggf. zu sperren.[29] Dies kann Wechselmedienlaufwerke, USB-Anschlüsse oder Mailserver betreffen.

Eine hervorgehobene Bedeutung kommt hierbei den Malware-Scannern zu. Es sollte darauf geachtet werden, dass die Scannersoftware nicht von Benutzerclients aus deaktiviert werden kann. Des Weiteren ist es durchaus möglich mehrere Virenschutzprogramme zu installieren, um die Stärken der einzelnen Tools vollständig auszunutzen. Die Unterstützung der heuristischen Suchmethoden, d.h. nicht nur die gewöhnliche Suche nach Signaturen, sondern nach charakteristischen Merkmalen in Dateien und die permanente Überwachung der Systemaktivitäten durch einen aktualisierten Scanner bilden hierbei ratsame Ergänzungen.[30]

Die Einschränkung der Installationsrechte und der Ausführungsrechte für bestimmte Dienste können auch positiv zur Virenabwehr beitragen, weil dadurch die Aktivität der Viren stark gehemmt wird.[31]

---

[29] Vgl. Kruth: IT-Grundlagenwissen. 2001, S. 205

[30] Vgl. Hoppe/Prieß: Sicherheit von Informationssystemen. 2003, S. 193

[31] Vgl. Eckert: IT-Sicherheit. 2003, S. 48

5 Datensicherung und -beseitigung

Die regelmäßige Erstellung der Sicherungskopien von grundlegenden Geschäftsinformationen und -datenbeständen gehört zu den wichtigsten Punkten in der Informationssicherheit. Diese sollten daher von im Vorfeld nominierten Verantwortlichen regelmäßig erstellt und sicher gelagert werden. Außerdem sollten die Back-Up-Einrichtungen planmäßig getestet werden, um sicherzustellen, dass sie die Anforderungen zur Aufrechterhaltung der Integrität und der Verfügbarkeit von Diensten und somit auch des laufenden Geschäftsbetriebs erfüllen.[32]

5.1 Datensicherungsstrategie

Die Verantwortlichen für dieses Gebiet erstellen und dokumentieren die Datensicherungsstrategie dadurch, dass sie sowohl die Sicherungsmethoden als auch die -zeiträume definieren. Bei der Auswahl der Methoden kann man zwischen drei Arten unterscheiden:[33]

Die vollständige Sicherung erzeugt eine komplette 1:1-Kopie festgelegter Datenbestände.

Bei der inkrementellen Sicherung werden die operativen Inhalte mit den Inhalten der letzten Sicherung verglichen und lediglich die Aktualisierungen des Informationsbestandes gespeichert. So werden neue Daten hinzugefügt, geänderte Daten aktualisiert und veraltete Daten entfernt. Diese Methode ist dadurch weniger zeitintensiv.

Im Vergleich zur inkrementellen Sicherung werden bei der differenziellen Sicherung die aktuellen Daten mit der letzten Vollsicherung verglichen und die seitdem gespeicherten Daten abgelegt. Somit sind bei der Widerherstellung nur das Medium mit der Vollsicherung und das Medium mit der differenziellen Sicherung nötig.

---

[32] Vgl. BSI Technical Information Group: BS ISO/IEC 17799:2000 – BS 7799-1:2000 2001, S. 32f.

[33] Vgl. Stiefenhofer et al.: Praxisleitfaden Netzwerksicherheit. 2002, S. 79

Die Datensicherung ist ein kritischer und wichtiger Prozess, der überwacht werden muss und so Ressourcen stark binden kann. Die tägliche Sicherung ist daher vom Aufwand her nicht für alle Informationsarten gleichermaßen gerechtfertigt. Die gewählten Zeiträume sind abhängig von den gegebenen Organisationsumgebungsbedingungen und müssen daher individuell festgeschrieben werden. Die Fachliteratur bietet hier allerdings beispielhafte Richtwerte, an denen man sich orientieren kann:[34]

> **Installationsdatenträger:** einmalige vollständige Sicherung;

> **Systemdaten:** mindestens monatlich eine Vollsicherung;

> **Produktive Daten:** mindestens eine monatliche Vollsicherung und eine wöchentliche bis tägliche unvollständige Sicherung;

> **Nutzerspezifische Anwendungsdaten:** mindestens eine monatliche Vollsicherung und eine wöchentliche unvollständige Sicherung;

> **Protokolldaten:** mindestens eine monatliche Vollsicherung.

Bei der Auswahl der Sicherungsmedien ist darauf zu achten, dass diese eine höhere Ausfallsicherheit als die operativen Medien bieten. Die Medien müssen räumlich getrennt (nach Möglichkeit in einem anderen Brandabschnitt) in einem angemessen gesicherten Lagerort gelagert werden. Der Zugriff soll im Bedarfsfall schnell möglich, allerdings ausschließlich für befugte Personen erlaubt sein.[35]

5.2 Datensicherungsplan

Ein angemessenes Dokument zur Erstellung von Datensicherungen bildet ein Datensicherungsplan. Mit den im Plan enthaltenen Informationen sollte es einem sachverständigen Dritten möglich sein die dazu gehörenden Daten in angemessener Zeit zu beschaffen und wiederherstellen zu können. Das Dokument muss folgende Auskünfte liefern:[36]

---

[34] Vgl. Stiefenhofer et al.: Praxisleitfaden Netzwerksicherheit. 2002, S. 80

[35] Vgl. Romagna: IT-Grundschutz modellieren. 2002, S. 116

[36] Vgl. Kruth: IT-Grundlagenwissen. 2001, S. 245-247; Vgl. Romagna: IT-Grundschutz modellieren. 2002, S. 116

- Speicherort der Daten im Normalbetrieb,

- Bestand der gesicherten Daten (Bestandsverzeichnis),

- Zeitpunkt der letzten Datensicherungen,

- Art und Umfang der Datensicherung,

- Planverfahren zur Datensicherung und der entsprechenden Rekonstruktion,

- Ort der Aufbewahrung (erforderliche Zutrittsmittel).

5.3 Umgang mit Informationen

Für den Umgang mit Informationen bietet der Standard an formale Verfahren zur
Behandlung und Speicherung von Informationen einzusetzen, um auch hier
unberechtigte Offenlegung und Missbrauch wertvoller Daten zu verhindern.
Unabhängig von der Einstufung der jeweiligen Informations- und der Medienart wird an
erster Stelle empfohlen die Behandlung und Kennzeichnung festzuschreiben;
Zugangskontrollen zur Identifikation der potentiellen Nutzer einzuführen; die
Aufbewahrung der Datenträger nach Herstellerspezifikationen zu gewährleisten; die
unnötige Verteilung von Informationen auf ein Mindestmaß zu reduzieren und die
entsprechenden Verteilerlisten regelmäßigen Kontrollen zu unterziehen.[37]

5.4 Beseitigung von Datenträgern

Nicht mehr benötigte Datenträger, die potentielle sicherheitsrelevante Informationen
enthalten könnten, müssen sicher und zuverlässig beseitigt werden. Eine nachlässige
Zerstörung der verwendeten Datenträger kann zu einem schwer kontrollierbaren
Sicherheitsrisiko führen, wenn das Material an Außenstehende gelangt und dadurch
nicht mehr greifbar ist. Für die Verantwortlichen besteht die Pflicht adäquate
Entsorgungsmaßnahmen zu erarbeiten und formal zu dokumentieren.

---

[37] Vgl. BSI Technical Information Group: BS ISO/IEC 17799:2000 – BS 7799-1:2000 2001, S. 36

Unabhängig von dem Inhalt bzw. von der Sicherheitsrelevanz des Inhalts oder der Art der verwendeten Unterlagen (Papier, Druckbänder, Magnetbänder, optische Speichermedien usw.) sollten alle Medien, die nicht mehr benötigt werden sicher entsorgt werden. Wenn möglich kann dies durch Verbrennen oder eine Reißwolfvernichtung geschehen.

Falls die Entsorgung von einem externen Dienstleister durchgeführt wird, ist auf die Vertrauenswürdigkeit, Erfahrungsnachweise und die Art der verwendeten Methoden und Maßnahmen des Auftragnehmers zu achten. Die Beseitigung besonders sensitiver Elemente sollte dabei nach Möglichkeit zur vollständigen Dokumentation in einem Auditprotokoll festgehalten werden.[38]

---

[38] Vgl. BSI Technical Information Group: BS ISO/IEC 17799:2000 – BS 7799-1:2000 2001, S. 35

6 System- und Notfallplanung

6.1 Kapazitätsplanung

Das Risiko von Systemausfällen kann mitunter durch ausreichende Planung der Verfügbarkeit von Ressourcen und eine Bewertung der Kapazitätsauslastung eingeschränkt werden. Vorausberechnungen von zukünftigen Kapazitätsanforderungen können eine drohende Systemüberlastung aufzeigen und die Einleitung von Gegenmaßnahmen zur Minderung der kritischen Auslastung ermöglichen. Dabei müssen sowohl aktuelle als auch vorhersehbare zukünftige Trends der Informationsverarbeitung in der Organisation berücksichtigt werden.

Es gehört zu der Aufgabe des Managers alle Informationen zur Identifizierung und Vermeidung von Engpässen zu analysieren und Pläne zur Verbesserung der Skalierbarkeit zu entwickeln und zu verwirklichen. Die Bedrohung der Systemsicherheit kann durch die Erweiterung der Kapazitäten, z.B. durch Hardwareaustausch, Softwareupdates oder Aufbau zusätzlicher Server gemindert werden.

Bei der Einführung neuer Systeme sollten vorher definierte Abnahmekriterien und geeignete Systemtests berücksichtigt werden. Die Verantwortlichen müssen sicherstellen, dass die Kriterien zuvor scharf abgegrenzt definiert, vereinbart, formal dokumentiert und einem Testverfahren unterzogen wurden.[39]

6.2 Notfallvorsorge

Die Norm bietet auch Empfehlungen zum Management von Vorfällen, die den Ablauf des operativen Geschäftsbetriebs beeinträchtigen könnten. Grundlegend wird empfohlen Verantwortlichkeiten und Verfahren zu entwickeln und einzuführen, um schnell, effektiv und ordnungsgemäß auf sicherheitsrelevante Eventualitäten reagieren zu können.[40]

Es soll demnach ein übersichtliches und präzise gefasstes Notfall-Handbuch erstellt werden, der u. a. folgende wichtige Einzelpunkte enthalten sollte:[41]

---

[39] Vgl. BSI Technical Information Group: BS ISO/IEC 17799:2000 – BS 7799-1:2000 2001, S. 30

[40] Vgl. BSI Technical Information Group: BS ISO/IEC 17799:2000 – BS 7799-1:2000 2001, S. 27

[41] Vgl. Romagna: IT-Grundschutz modellieren. 2002, S. 115

> **Sofortmaßnahmen:** Alarmierungsplan und Meldewege, Adresslisten betroffener
  Mitarbeiter, Notrufnummern;

> **Handlungsanweisungen** für spezielle Ereignisse wie Wassereinbruch, Stromausfall
  oder Brand;

> **Regelungen für den Notfall:** Notfall-Zuständige, Organisationsrichtlinien,
  Verhaltensregeln;

> **Wiederanlaufpläne kritischer Komponenten:** Wideranlaufreihenfolge, interne
  oder externe Ausweichmöglichkeiten;

> **Dokumentation:** Überblickbeschreibung der zusammenhängenden Systeme;

> **Ersatzbeschaffungsplan:** Herstellerverzeichnisse, Lieferantenverzeichnisse,
  Mietmöglichkeiten, Verzeichnis mit Sanierungsdienstleistern;

> **Ursachenanalyse:** Identifikation der Ursache und Beweissicherungsverfahren zur
  Implementierung weiterer Schutzmaßnahmen zur Vermeidung der Wiederholung.

Durch eine detaillierte, methodische Planung kann verhindert werden, dass bestimmte
Tätigkeiten oder notwendige Aktivitäten vergessen oder redundant abgearbeitet
werden.[42] Regelmäßig durchgeführte Notfallübungen helfen bei der Evaluierung der
Pläne sowie des Verhaltens und verbessern die Reaktionszeiten im Ernstfall.[43]

---

[42] Vgl. Kruth: IT-Grundlagenwissen. 2001, S. 243f.

[43] Vgl. Romagna: IT-Grundschutz modellieren. 2002, S. 116

7   Kommunikation und Informationstransport

Sowohl die *„Sicherung von Informationen in Netzen und Schutz der unterstützenden Infrastruktur"*[44] als auch die *„Verhinderung von Verlust, Änderung oder Missbrauchs von Informationen, die zwischen Organisationen ausgetauscht werden"*[45] gehören laut BS 7799-1:2000 zu den vorrangigen Aufgaben des Managements, um die Kommunikation und den reibungslosen Betrieb von laufenden Systemen in einem Unternehmen oder einer Organisation zu garantieren.

7.1   Netzwerksicherheit

Im Rahmen des Netzwerkwerkmanagements wird hierbei empfohlen die Verantwortlichkeit für den Netzwerkbetrieb von derjenigen für den Rechnerbetrieb zu trennen, um der (wie schon in Abschnitt 3.3) erwähnten Pflichtentrennung gerecht zu werden.

Weiterhin sollte der Verantwortliche für Netzwerksicherheit u. a. auf folgende Aspekte achten und sie ggf. in Richtlinien umsetzen:[46]

➢ **Passwortwahl überdenken:** Die Länge verwendeter Netzzugangs-Passwörter sollte mindest 8 Zeichen umfassen, unter denen unbedingt Groß- und Kleinbuchstaben sowie Sonderzeichen (! @ # $ % & + ?) gemischt eingesetzt werden sollten. Außerdem empfiehlt es sich die Passworte in regelmäßigen Abständen von drei Monaten zu wechseln und ebenso die Benutzer dazu aufzufordern.

➢ **Standardinstallationen anpassen:** Software-Standardinstallationen sind oft ohne die Einhaltung von Sicherheitskriterien (Zugangskontrollen) voreingestellt und sollten daraufhin angepasst und abgesichert werden.

➢ **Unnötige Dienste abschalten:** Funktionen oder Dienste (FTP, Telnet, usw.), die nicht verwendet werden, sollten deaktiviert werden, um die Anzahl der zu überwachenden Komponenten einzugrenzen.

---

[44] BSI Technical Information Group: BS ISO/IEC 17799:2000 – BS 7799-1:2000 2001, S. 34
[45] BSI Technical Information Group: BS ISO/IEC 17799:2000 – BS 7799-1:2000 2001, S. 37
[46] Vgl. Cobb: Netzwerksicherheit für Dummies. 2003, S. 347-353

> **Sicherheitspatches installieren:** Sicherheitslöcher oder -lücken sollten umgehend nach der Veröffentlichung von entsprechenden Patches und Updates geschlossen werden, um die Zahl der möglichen Angriffspunkte auch hier zu minimieren.

> **Protokollierungen aktivieren:** Protokollfunktionen in Betriebssystemen oder Firewalls helfen bei der Überwachung, zeigen Vorfälle oder ungewöhnliche Ereignisse auf und unterstützen bei der Analyse und Fehlerbeseitigung.

> **Benutzer schulen:** Die besten Sicherheitskonzepte sind nutzlos, wenn sie von Benutzern ignoriert oder fahrlässig missachtet werden. Daher gilt es die Nutzer und alle Netzwerkteilnehmer im Hinblick auf die Einhaltung der Sicherheitsrichtlinien rigoros auszubilden und sie für auf die Wahrnehmung der Gefahren zu sensibilisieren.[47]

7.2 Austausch von Informationen

Den Austausch von Informationen zwischen zwei verschiedenen Organisationen (sowohl auf physischen als auch auf elektronischen Wegen) rät die Norm auf Basis von multilateralen Vereinbarungen zu regeln. Verfahren und Regelungen sollen den Schutz der Informationen und der Datenträgermedien im Transit sicherstellen. Der Transfer von Daten in Verbindung mit elektronischem Datentransfer beim E-Commerce (Electronic Data Interchange, Supply Chain Management, etc.) oder E-Mail bedarf dabei besonderer Forderungen nach Sicherheitsmaßnahmen.[48]

Die Einhaltung der Maßnahmen, die in den jeweiligen Verträgen vereinbart werden, zielt primär auf die Festlegung der Verantwortung für die Kontrolle der Benachrichtigung von Übertragungen, Versand und Empfang; die Einigung auf Mindestmaße für Schutzmaßnahmen (z.B. kryptographische Verschlüsselung) und Transporterleichterung; die Implementierung von Authentifizierungsregeln; sowie die Haftungsklärung beim Verlust.[49]

---

[47] Vgl. Cobb: Netzwerksicherheit für Dummies. 2003, S. 33f.

[48] Vgl. BSI Technical Information Group: BS ISO/IEC 17799:2000 – BS 7799-1:2000 2001, S. 37-39; Vgl. Kruth: IT-Grundlagenwissen. 2001, S. 47

[49] Vgl. BSI Technical Information Group: BS ISO/IEC 17799:2000 – BS 7799-1:2000 2001, S. 37f.

So sollen die Bedrohungen der betrügerischen Tätigkeiten, vertragliche Auseinandersetzungen und die unbefugte Beeinflussung oder Umleitung der Informationen schon im Vorfeld weitestgehend ausgeschlossen werden.

8 Zusammenfassung

Bei der abschließenden kritischen Betrachtung muss darauf hingewiesen werden, dass in dieser Arbeit beschriebenen Teilinhalte der Sicherheitsnorm BS 7799-1:2000 eine unzureichend entwickelte Struktur aufweisen. Einerseits bietet der Standard sehr konkrete, detaillierte Empfehlungen, andererseits oft nur unpräzise, grobe Schlagworte, bei denen die notwendigen Aktivitäten vom Anwender selbst genauer erarbeitet werden müssen. Für Hochsicherheit reichen die dargelegten Standard-Sicherheitsmaßnahmen also nicht aus und müssen durch weitergehende Zusatzmaßnahmen ergänzt werden.

Aufgrund der Tragweite und des Aufwands (hervorgerufen durch die Komplexität der vorgeschlagenen Maßnahmen) ist die Norm eher für größere Organisationsformen geeignet. Für kleinere Organisationen, Unternehmen oder Privatanwender müssen andere Alternativen herangezogen werden.

So bietet BS 7799-1:2000 u. a. mit den Maßnahmen zum Management der Kommunikation und des Betriebes einen überwiegend nicht-technischen, systembezogenen Ansatz zur Implementierung grundlegender Elemente der Informationssicherheit für breit aufgestellte, größere Organisationen.

Literaturverzeichnis

BSI Technical Information Group: BS ISO/IEC 17799:2000 – BS 7799-1:2000.
Informationstechnik – Leitfaden zum Mangement von Informationssicherheit
(Übersetzung), 2001

Cobb, Chey: Netzwerksicherheit für Dummies. Mitp-Verlag, Bonn 2003

Cole, Tim; Matzer, Michael: Managementaufgabe Sicherheit. Schützen Sie Ihr
Unternehmen gegen die Risiken im Online-Zeitalter. Hanser, München 1999

Eckert, Claudia: IT-Sicherheit. Konzepte – Verfahren – Protokolle. 2. Aufl.,
Oldenbourg Wissenschaftsverlag, München 2003

Hoppe, Gabriela; Prieß, Andres: Sicherheit von Informationssystemen. Gefahren,
Maßnahmen und Management im IT-Bereich. Verlag Neue Wirtschafts-Briefe, Herne
2003

Jüptner, Olaf; Busch, Christoph; Wolthusen, Stephan et al.: IT-Sicherheit für den
Mittelstand. Leitfaden zum Thema IT-Sicherheit. Hessen-Media, Wiesbaden 2002

Kruth, Wilhelm: IT-Grundlagenwissen für Datenschutz- und Sicherheitsbeauftragte in
Wirtschaft und Verwaltung. Datakontext-Fachverlag, Frechen 2001

Romagna, André: IT-Grundschutz modellieren. Einführung in den IT-Grundschutz mit
ausgewählten Beispielen, Repetitionsfragen und Lösungen. Compendio
Bildungsmedien, Zürich 2002

Stiefenhofer, Marek; Schlosser, Carsten; Feil, Peter: Praxisleitfaden
Netzwerksicherheit. Schwachstellen ermitteln und Sicherheitskonzepte aufstellen.
Hanser, München 2002

Stubbings, Thomas C.: Die 7 größten Irrtümer der Informationssicherheit – Ein
Praxisbericht aus der Sicherheitsrevision. In: Sicherheit in Informationssystemen, hrsg.
v. Erwin Erasim, Dimitris Karagiannis, vdf Hochschulverlag an der ETH Zürich, Zürich
2002, S. 85-10

Onlinequellen

Gordon, Lawrence A.; Loeb, Martin P.; Lycushyn, William et al.: CSI/FBI
Computer Crime and Security Survey 2005. In
http://www.gocsi.com/forms/fbi/csi_fbi_survey.jhtml;jsessionid=PMXVHSRE1KAN4
QSNDBOCKH0CJUMEKJVN, Abruf am 03.12.2005

Krooß, Michael: Möglichkeiten und Auswirkungen der Integration der Nutzer in die
Erstellung   und   Durchsetzung   einer   IT-Sicherheitspolitik.   In   http://agn-
www.informatik.uni-hamburg.de/papers/doc/Diplomarbeit_M_Krooss.pdf,   Abruf   am
01.12.2005

Kuri, Jürgen: Verhaftungen wegen Diebstahls des Codes von Half-Life 2. In
http://www.heise.de/newsticker/meldung/48155, Abruf am 01.12.2005

o. V.: BS7799. In http://de.wikipedia.org/wiki/BS7799, Abruf am 01.12.2005

Tenhagen, Bruno: Zertifizierung von Informationssicherheit. In http://www.qm-
trends.de/pdf/19860101.pdf, Abruf am 01.12.2005

www.ingramcontent.com/pod-product-compliance
Lightning Source LLC
La Vergne TN
LVHW042125070326
832902LV00036B/1069